Seres prehistóricos

Dinosaurios: Dientes y picos

Joanne Mattern

Consultora de lectura: Susan Nations, M.Ed., autora/tutora de alfabetización/consultora

WR WEEKLY READER
EARLY LEARNING LIBRARY

Please visit our web site at: www.earlyliteracy.cc
For a free color catalog describing Weekly Reader® Early Learning Library's
list of high-quality books, call 1-877-445-5824 (USA) or 1-800-387-3178 (Canada).
Weekly Reader® Early Learning Library's fax: (414) 336-0164.

Library of Congress Cataloging-in-Publication Data available upon request from publisher.
Fax (414) 336-0157 for the attention of the Publishing Records Department.

ISBN 0-8368-6015-2 (lib. bdg.)
ISBN 0-8368-6022-5 (softcover)

This edition first published in 2006 by
Weekly Reader® Early Learning Library
A Member of the WRC Media Family of Companies
330 West Olive Street, Suite 100
Milwaukee, WI 53212 USA

Copyright © 2006 by Weekly Reader® Early Learning Library

Managing editor: Valerie J. Weber
Art direction and design: Tammy West
Translators: Tatiana Acosta and Guillermo Gutiérrez

Illustrations: John Alston, Lisa Alderson, Dougal Dixon, Simon Mendez, Luis Rey

Printed in the United States of America

1 2 3 4 5 6 7 8 9 09 08 07 06 05

Mucho antes de que hubiera humanos, hubo dinosaurios y otros seres prehistóricos.

Esos animales vagaban por el mundo. Sus tamaños y formas eran muy variados. Algunos tenían garras o dientes afilados. Otros tenían espinas, largas colas o alas.

Este libro te presenta dientes y picos. Busca el rótulo con el nombre de cada animal.

Carcharodontosaurio

Dientes grandes

Los dientes le servían a un dinosaurio para agarrar la comida y masticarla. Los dientes de los dinosaurios que se alimentaban de carne eran diferentes de los dientes de los que comían plantas.

Estos grandes dientes pertenecieron a un dinosaurio que se alimentaba de carne, o **carnívoro**. Las puntas afiladas eran perfectas para hacer pedazos a otros animales. ¡Por el tamaño de la mandíbula, los científicos piensan que este dinosaurio llegaba a superar la longitud de dos autos en fila!

Megalosaurio

Trío de dientes

Los científicos se asombraron al encontrar fósiles de este dinosaurio. ¡Tenía tres clases diferentes de dientes! Los delanteros eran largos y afilados, para arrancar plantas. Los traseros eran lisos para triturar hojas y tallos duros.

5

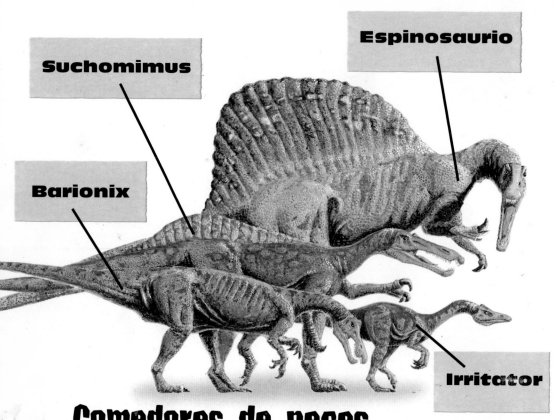

Espinosaurio

Suchomimus

Barionix

Irritator

Comedores de peces

Algunos dinosaurios se alimentaban de peces. Las grandes mandíbulas de estos animales tenían muchos dientes pequeños. Es probable que sacaran peces del agua con sus afiladas garras. Después, ¡los devoraban con todos esos dientes!

¿Rey de los dinosaurios?

Este enorme dinosaurio tenía dientes largos y afilados. Eran unos dientes perfectos para despedazar a otros animales. ¡Hasta le podían salir dientes nuevos si los viejos se le caían!

La palabra *rex* en el nombre de este dinosaurio significa "rey". A menudo, lo llamamos por su nombre abreviado: T. rex. Antes los científicos creían que era el dinosaurio más fiero. Ahora, sin embargo, piensan que estos animales pueden haberse alimentado de animales muertos, en vez de cazar animales vivos.

Tiranosaurio rex

Dientes de tiburón

¡La gran boca de este dinosaurio estaba llena de dientes superafilados! Eran fuertes y curvos, como los de un tiburón. ¡Los científicos piensan que este gran dinosaurio era tan largo como el animal terrestre actual de mayor longitud — la serpiente pitón!

Carcharodontosaurio

Notosaurio

¡Menuda boca!

¡Observa todos los dientes de este animal marino!
La forma de la boca y de los dientes era perfecta
para atrapar peces. Además, los dientes le servían
para agarrar bien a sus **presas**, los animales de que
se alimentaba. Los cocodrilos actuales tienen el
mismo tipo de dientes.

Dientes de aguja

Este reptil prehistórico vivía en agua dulce. Sus finos dientes parecían agujas. Es probable que este animal los usara para **filtrar**, o sacar del agua, los diminutos animales de que se alimentaba.

Mesosaurio

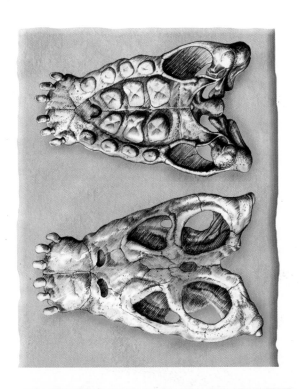

cráneos de Placodus

Distintos tipos de dientes

El cráneo de este reptil marino indica que tenía dos tipos de dientes diferentes. Sus dientes anteriores sobresalían para recoger conchas del fondo marino. Sus dientes posteriores eran fuertes y planos para aplastar las duras conchas. Poderosos músculos en la mandíbula le permitían morder la comida con fuerza.

Dientes monstruosos

Este reptil parecía un auténtico monstruo marino.
Era más largo que un camión tractor. Sólo su
cabeza ya era más larga que un auto deportivo.
Su mandíbula estaba llena de dientes afilados y
puntiagudos. Este enorme animal recorría los
océanos atrapando peces.

Cronosaurio

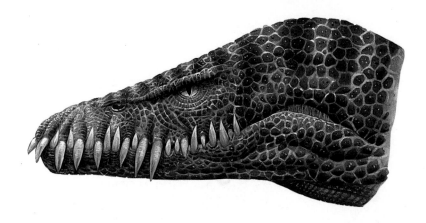

Hydrotherosaurus

Dientes extraños

Los científicos no saben con certeza cómo usaba los dientes este reptil marino. Sus dientes sobresalían tanto, que no podían servirle para atrapar peces. Es posible que estos animales usaran los dientes para apresar en la boca peces pequeños. Quizá raspaban el lodo del fondo marino en busca de comida. ¿Tú qué crees?

¡Qué dientes!

Las mandíbulas de este animal estaban llenas de dientes diminutos que parecían agujas. Estos reptiles prehistóricos comían animales marinos más pequeños. Éste que ves está a punto de comerse unos sabrosos animales que parecen calamares, uno de los alimentos preferidos del ictiosaurio.

Ictiosaurio

Dientes y colmillos

De la boca de este mamífero marino salían unos largos colmillos. Los científicos piensan que este animal usaba esos enormes dientes para sacar algas o mariscos. Los dientes planos de la parte posterior de la boca le servían para triturar la comida.

Desmostilos

15

Dimorphodon

Picos y dientes

¡Este animal tenía dientes y pico! Los afilados dientes le servían para atrapar y agarrar peces y otras presas. Su fuerte pico le proporcionaba una mordida poderosa. Los científicos creen que el pico tenía brillantes colores como señal para otros animales.

Pico de tijera

El nombre de este dinosaurio significa "antigua cara con cuernos". Este animal también tenía un pico y dientes. Sus mandíbulas cerraban el pico como si fuera una tijera.

Los dientes de la mandíbula superior e inferior tenían distintas formas. Los afilados dientes superiores le permitían agarrar plantas. Los dientes inferiores, planos, las trituraban.

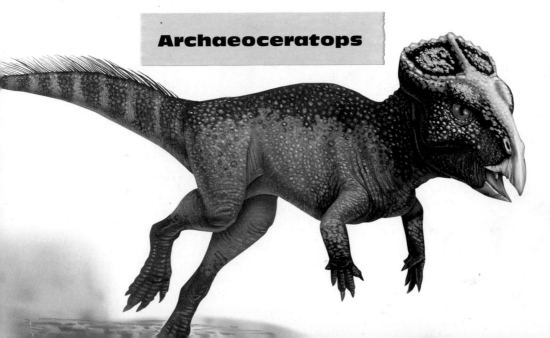

Archaeoceratops

17

Comedor de huevos

Los científicos piensan que este dinosaurio se alimentaba de los huevos de otros dinosaurios. Su pico era corto. Dos huesos en el cielo de la boca abrían los huevos cuando los tragaba. El dinosaurio podía así comerse la sabrosa yema y al animalito que estaba dentro del huevo.

Oviraptor

No eran aves

Aunque estos animales parecían enormes aves, ¡todos eran dinosaurios! Tenían picos como las aves, y largas patas con gruesos músculos en la parte superior. Igual que algunas aves, es probable que comieran carne además de frutas y hojas.

Pico de pato

El pico ancho y plano de este dinosaurio parecía el de un pato. Esa es la razón de que a los dinosaurios de este grupo se los conozca como "de pico de pato". Este animal era tan pesado que tenía que apoyarse en las cuatro patas al caminar. Era un **herbívoro**, es decir, se alimentaba de plantas.

Dientes diferentes para dietas diferentes

Cada uno de estos animales voladores tenía tipos diferentes de dientes. Los dientes grandes y afilados eran buenos para cazar lagartos y otros animales pequeños. Los dientes o picos pequeños servían para atrapar insectos. Muchos dientes finos servían para sujetar a un escurridizo pez. Los dientes o el pico de un animal prehistórico nos pueden dar muchas pistas sobre lo que comía.

Pterodáctilos

Glosario

antiguo — muy viejo

cráneo — huesos de la cabeza que protegen el cerebro

filtro — algo que limpia los líquidos que lo atraviesan

fósiles — restos de un animal o planta que vivió hace millones de años

mamífero — animal de sangre caliente que cuida de sus crías

mariscos — animales marinos que tienen carapacho

músculos — partes del cuerpo que tiran de los huesos para moverlos

pico de pato —grupo de dinosaurios cuya boca tenía una forma parecida al pico de un pato

prehistórico — que vivió en la época anterior a la historia escrita

presa — animal que se caza para comer

reptil — animal de sangre fría cuya piel está cubierta de escamas o de placas óseas como armadura

Más información

Más libros para leer

Carnívoros gigantes. Conoce a los dinosaurios (serie).
Don Lessem (Lerner Publications)

Dinosaurios pico de pato. Conoce a los dinosaurios (serie).
Don Lessem (Lerner Publications)

Escenas de la prehistoria. Busca que te busca (serie).
Jane Bingham (Usborne)

Los dinosaurios. Busca que te busca (serie). Rosie Heywood
(Usborne Books)

Los dinosaurios. Mi Pequeña Enciclopedia (serie). Edited by
Editors of Larousse (México) (Larousse México)

Un dinosaurio llamado Sue: El hallazgo del siglo.
Fay Robinson (Scholastic en Español)

Índice

algas 15

calamares 14
carne 4, 19
carnívoros 4
cocodrilos 9
colmillos 15
conchas 11
cráneos 11

fósiles 5

garras 6

herbívoros 20
huevos 18

insectos 21

lagartos 21
mamíferos 15
mandíbulas 4, 11, 12, 14, 17
mariscos 15
músculos 11, 19
peces 6, 9, 12, 13, 16, 21
picos de pato 20
pitón 8
plantas 4, 5, 17
presa 9
pterodáctilos 21
reptiles 9, 10, 11, 12, 13, 14
tiburones 8
tiranosaurio rex 7

Información sobre la autora

Joanne Mattern ha escrito más de 130 libros para niños. Sus temas favoritos son los animales, la historia, los deportes y las biografías. Joanne vive en el estado de Nueva York con su esposo, sus tres hijas pequeñas y tres gatos juguetones.